복주머니랑 그네랑
신나는 명절이야기

글 **햇살과나무꾼**

햇살과나무꾼은 어린이책을 사랑하는 사람들이 모여 만든 기획실로 세계 곳곳에 묻혀 있는 좋은 작품을 찾아 우리말로 소개하고 어린이의 정신에 지식의 씨앗을 뿌리는 책을 집필하고 있습니다. 지금까지 쓴 책으로는 『우리 땅에서 사라져 가는 생명들』 『조상들의 지혜가 하나씩 15가지 생활과학 이야기』 『세상을 따뜻하게 하는 사람들 1, 2』 『우리 나라가 보여요』 등이 있고, 옮긴 책으로는 『학교에 간 사자』 『모모네 집 이야기』 『우리 가족, 시골로 간다』 등이 있습니다.

그림 **조은희**

시각 디자인을 전공하였고, 일러스트레이터로 일하고 있습니다. 1998년 서울일러스트레이션 공모전 그림동화부문 특별상과 1999년 한국출판미술대전 그림동화부문 장려상을 받았으며, 처음으로 쓰고 그린 책인 『마니 마니 마니』는 2000년 제1회 보림창작그림책 공모전에 입상하였습니다. 그린 책으로 『벌레가 좋아』 『용서, 상처를 치유하는 사랑』 등이 있습니다.

옛 물건으로 만나는 우리 문화 02

복주머니랑 그네랑 신나는 명절 이야기

초판 1쇄 발행 2005년 7월 11일 | 초판 15쇄 발행 2019년 11월 20일

글쓴이 햇살과나무꾼 | **그린이** 조은희 | **펴낸이** 김사라 | **펴낸곳** 해와나무 | **편집** 박숙정 이혜경 박현숙 | **디자인** 장우성
마케팅 이택수 | **출판등록** 2004년 2월 14일 제312-2004-000006호
주소 서울특별시 영등포구 양산로23길 17 2층 | **전화** (02)362-0938, 7675 | **팩스** (02)312-7675

ISBN 978-89-91146-21-1 74380 978-89-91146-19-8(세트)

ⓒ 햇살과나무꾼, 조은희 2005

- 값은 뒤표지에 있습니다.
- 책 내용의 일부 또는 전부를 인용하거나 발췌하려면 반드시 저작권자와 출판사 양측의 서면 동의를 구해야 합니다.

제조자명: 해와나무 **제조국명**: 대한민국 **제조년월**: 2019년 11월 20일 **대상 연령**: 8세 이상
전화번호: 02-362-7675 **주소**: 서울특별시 영등포구 양산로23길 17 2층
*KC마크는 이 제품이 공통안전기준에 적합하였음을 의미합니다.

복주머니랑 그네랑
신나는 명절이야기

글 햇살과나무꾼 | 그림 조은희

해와나무

머리말

옛 물건과 함께 떠나는 과거로의 시간 여행

오래 가지고 놀던 장난감, 오래 읽은 동화책, 오래 메고 다닌 가방……. 이렇게 오래 쓴 물건에는 추억이 담겨 있어요. 그래서 아무리 낡아도 쉽사리 버리지 못하고 자기만의 보물 상자에 고이고이 간직하게 되지요.

그렇다면 우리 겨레가 옛날부터 써 온 물건에는 얼마나 많은 추억이 깃들어 있을까요?

설날 허리춤에 매달고 다니는 복주머니에는 새해를 맞아 만복이 깃들기 바라던 겨레의 마음이 담겨 있어요. 시골집 장독대에 나란히 놓인 옹기에는 먹을 것을 구하기 힘든 때를 대비해 장과 김치를 담그던 겨레의 지혜가 담겨 있고요.

큰 고을 관아마다 하나씩 설치되어 있던 측우기에는 비가 온 양을 측정해 이용하려던 겨레의 과학성이 숨어 있고, 마을 어귀에 우뚝 서 있는 장승에는 나그네의 안전을 빌어 주던 옛사람들의 인정이 숨어 있지요.

'옛 물건으로 만나는 우리 문화' 시리즈는 대대로 이어지는 옛날 물건을 통해 우리 겨레의 삶과 지혜, 문화와 풍습을 살펴보고자 마련되었어요.

복주머니와 그네, 가마솥과 뚝배기, 쟁기와 물레 등 손때 묻은 옛 물건들과 함께 과거로 시간 여행을 떠나 보도록 해요. 그래서 역사 속에 생생하게 살아 있는 옛 물건을 살펴보고, 옛 물건 속에 생생하게 살아 있는 역사를 찾아봅시다.

2005.7
햇살과나무꾼

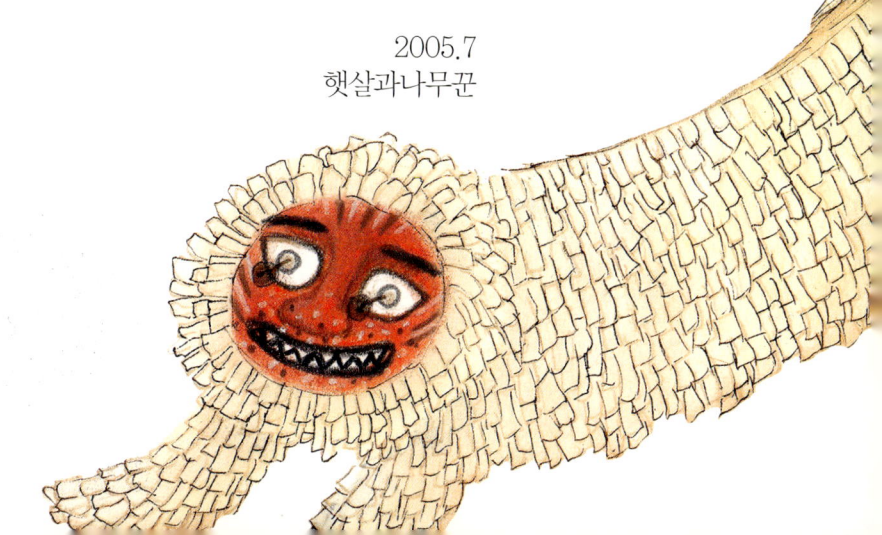

들어가는 글	신나는 휴식의 한마당 명절	8
이야기마당	송편 하나 때문에	10
정보마당	주머니 가득 복을 모으러 다니던 날 **설**	16
	복주머니	색동옷	떡판과 떡메	윷과 윷판	짚신과 체	세화	
	대문에 방을 붙이고 봄을 맞이하는 날 **입춘**	20
	입춘방	족제비털 비	소복	가마솥	쟁기	천자문 책	
	줄다리기를 하며 기운을 모으던 날 **정월 대보름**	24
	줄	다리	연	널	달집	부럼	
	새 불씨를 기다리며 찬밥을 먹던 날 **한식**	28
	삼끈과 느릅나무	화덕	가래	호미	비석과 무덤	
	꽃지짐을 부쳐 먹는 날 **삼월 삼짇날**	32
	무쇠 솥뚜껑	제비집	활과 화살	갓과 담뱃대	풍경	풀각시	
	연등 축제를 벌이던 날 **초파일**	36
	등	탑	물동이와 바가지	숯	탄생불과 가마	
	그네를 뛰고 씨름을 하며 신나게 놀던 날 **단오**	40
	그네	부채	샅바	놋대야	수레바퀴 무늬 떡살과 수리취떡	탈	

펄펄 끓는 국물로 더위를 이기던 날 **삼복**   44
뚝배기 | 대자리 | 죽부인 | 적삼 | 등등거리 | 석빙고

밤하늘의 별을 바라보던 날 **칠석**   48
베틀 | 장독대 | 농기 | 빨랫줄 | 붓과 한지 | 우물

수확을 앞두고 잔치를 벌이던 날 **추석**   52
떡시루 | 낫 | 꽹과리와 장구 | 베 | 동고리 | 멍석

복조리를 만들며 새해 채비를 하던 날 **동지**   56
책력 | 팥죽 | 동지 부적 | 버선 | 복조리

배움마당
설날부터 정월 대보름까지는 신나는 축제 기간   60
홀수가 겹친 날은 모두 명절일까?   62
24절기란 무엇일까?   63
명절에는 왜 떡을 해 먹을까?   64
어머니가 지어 주신 새 옷을 입는 명절   66
머슴을 위해 잔치를 벌이는 날도 있었대   68
옛날에도 어린이날이 있었을까?   69
중국과 일본에서도 설을 쇤다고?   70
칠석에 숨어 있는 견우와 직녀의 사랑 이야기   72
건강을 돌보는 명절 음식   74

익힘마당   옛날 물건 vs 요즘 물건   76

들어가는 글

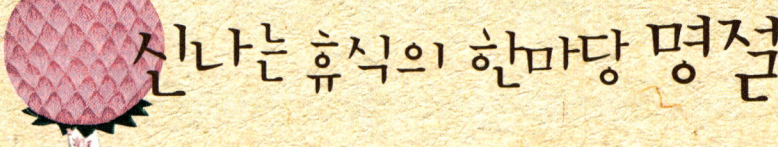
신나는 휴식의 한마당 명절

　아무리 좋아하는 일이라도 한 해 내내 하루도 거르지 않고 계속해야 한다면 어떨까요? 그럼 일도 잘 되지 않고 몸과 마음이 한없이 지칠 거예요. 그래서 우리에게는 쉬는 시간이 필요하지요. 열심히 일한 뒤에 푹 쉬고 나면, 지친 몸과 마음이 추스러지고 다음 일을 시작할 기운이 난답니다.

　우리 조상들도 농사일에 중요한 고비가 찾아올 때마다 하루씩 쉬는 날을 마련했어요. 한겨울이 지난 뒤에 드는 음력 1월에는 설날과 정월 대보름을 두어 겨우내 움츠러든 몸과 마음을 일으켜 세웠고, 논밭을 갈고 씨뿌리기를 마친 삼월 삼짇날에는 봄맞이 꽃놀이를 즐기며 봄 농사에 지친 몸과 마음을 달랬어요.

　5월 단오에는 힘겨운 모내기를 마치고 그네뛰기와 씨름을 즐기며 놀았고, 김매기를 마친 7월 칠석에는 모처럼 맑게 갠 밤하늘을 바라보며 별에 얽힌 전설을 떠올렸지요. 가을걷이가 시작되는 8월에는 추석을 두어 수확의 기쁨을 함께 나누고, 농작물이 자라지 않는 동지에는 짚으로 이듬해에 쓸 생활용품을 만들며 새해를 맞을 채비를 했고요.

　명절은 이렇게 해서 해마다 기리게 된 겨레의 공휴일이에요. 일 년 열두 달, 힘들고 지칠 때마다 바쁜 일손을 놓고 한바탕 신나게 쉬어갔기 때문에 우리 겨레는 다음 일을 더욱 힘차게 해 나갈 수 있었답니다.

송편 하나 때문에

옛날 늙은 내외가 단둘이 사는 집에 이웃에 사는 아낙네가 송편을 들고 찾아왔어요.

"추석이라 좀 빚었어요. 얼마 안 되지만 드셔 보세요."

"아유, 고마워서 어쩌지?"

할머니는 활짝 웃으며 말했어요.

그러곤 우쭐우쭐 집 안으로 들어가 할아버지에게 송편을 보여 주었지요.

할아버지는 군침을 꿀꺽 삼키고 입맛을 쩝쩝 다셨어요. 하지만 떡 하나를 들고 먼저 할머니에게 말했답니다.

"여보 마누라, 아~ 해 봐!"

할머니가 방긋 웃더니 입을 아, 하고 벌렸어요. 할아버지가 할머니 입에 떡을 쏙 넣어 줬어요.

이번에는 할머니가 할아버지에게 말했어요.

"여보 영감, 영감도 아~ 해 봐요!"

그러곤 할아버지 입에 떡을 쏙 넣어 주었지요.

할머니, 할아버지는 처음에는 이렇게 금실 좋게 떡을 나눠 먹었어요. 하지만 송편의 수가 하나, 둘, 줄어들어 마침내 하나만 달랑 남게 되자, 욕심을 숨길 수 없게 되었답니다.

할머니와 할아버지는 서로 씨익 웃어 보이고는, 누가 먼저랄 것도 없이 송편 쪽으로 손을 뻗었어요. 그러다가 손이 딱 부딪치자, 화들짝 놀라서 손을 치웠지요.

얼마 뒤에 할아버지가 말했어요.

"여보 마누라, 우리 이러지 말고 내기를 합시다. 내기를 해서 이기는 사람이 이 송편을 먹는 거야."

"무슨 내기요?"

"말 안 하기 내기. 못 참고 말하는 사람이 지는 거야."

"좋아요, 한번 해 봐요. 어디 내가 질 줄 알아요?"

이렇게 해서 할머니, 할아버지는 내기를 시작했어요. 해가 지고, 어둠이 내리고, 별이 총총 떠오를 때까지 할머니, 할아버지는 한

마디도 하지 않았어요. 그러다가 저녁까지 걸렸지만, 배고픈 것도 참고 오줌 마려운 것도 참으면서 내기를 계속 했지요.

그때 누군가가 할머니, 할아버지 집으로 다가와서 담벼락 안을 기웃거렸어요. 명절에 비는 집만 골라 터는 밤손님이었어요.

도둑은 얼마 동안 집 안을 살펴보다가 고개를 갸웃거렸어요.

"거 참 이상하다. 댓돌에 신발은 있는데, 불도 꺼져 있고 인기척이 없으니……."

도둑은 안방으로 살금살금 다가와 방문에 구멍을 냈어요. 그러곤 구멍에 눈을 대고 방안을 들여다보았지요.

방문에 느닷없이 구멍이 뚫리고 사람의 눈동자가 나타나자, 할머니는 깜짝 놀랐어요. 할아버지도 놀라서 손사래를 쳤어요. 하지만 두 사람은 여전히 말을 하지 않았어요. 지금까지 버틴 것이 어딘데, 이제 와서 포기할 수는 없었거든요.

'아아, 벙어리 부부구나!'

그 모습을 보고 도둑은 생각했어요. 그리고 방안으로 들어가 살림살이를 뒤지기 시작했지요.

하지만 할머니, 할아버지는 여전히 둘 다 말을 하지 않았어요. 서로 잡아 먹을 듯이 노려보고만 있었답니다.

'저 영감이 지금 갈 때까지 가 보자는 건가?'

'흥, 그런다고 내가 먼저 말할 줄 알고! 누가 이기나 어디 한번 보자고.'

할머니, 할아버지가 생각했어요. 그 사이에 도둑은 할머니가 아끼고 아끼던 비단과 금가락지, 은가락지, 그리고 집문서와 땅문서도 챙겼어요.

할머니는 얼굴이 하얗게 질렸어요. 하지만 도둑이 돈이 될 만한 물건을 몽땅 챙겨 가지고 나갈 때까지 할아버지는 송편만 빤히 들여다보았어요.

참다못한 할머니가 소리를 질렀어요.
"도둑이 우리 재산을 다 들고 나가는데, 계속 보고만 있을 거예요?"
그제야 할아버지는 입을 열었어요.
"이겼다!"
그리고는 송편을 입에 쏙 집어넣었답니다.

주머니 가득 복을 모으러 다니던 날 설

   음력 1월 1일은 설날이에요. 묵은해를 보내고 새로운 한 해를 시작하는 날이지요. 우리 조상들은 이 뜻 깊은 날을 명절로 삼아 새해를 맞이하는 기쁨을 함께 나누었어요. 설날에는 아침 일찍 일어나 조상님께 차례를 지내며 새해에도 집안에 좋은 일만 생기게 해 달라고 빌었어요. 그리고 나서 집안 어른들께 차례차례 세배를 드렸지요. 아이들이 세배를 하면 옛날 어른들은 답례로 복주머니를 나눠 주었어요. 그러면서 복주머니 가득 복을 받으라고 덕담을 해 주었답니다.

복주머니 설날에 아이들이 세배를 하면 어른들은 볶은 콩을 넣은 주머니를 나눠 주었어요. 복주머니는 이렇게 생겨났는데, 옛날 사람들은 정초에 복주머니를 차고 다니면 재앙이 물러가고 기쁘고 좋은 일이 깃든다고 믿었어요. 그리고 복을 비는 뜻으로 복주머니에는 복을 뜻하는 글자나 문양을 수놓기도 했답니다.

복주머니에는 왜 볶은 콩을 넣어 주었을까?
가마솥에 콩을 넣고 볶으면 콩이 탁탁 튀면서 시끄러운 소리가 나요. 옛날 사람들은 이 소리를 들으면 못된 귀신이 놀라서 달아난다고 생각했어요. 그래서 못된 귀신을 물리치라는 뜻으로 설날 복주머니에 볶은 콩을 넣어 주었답니다.

색동옷
설날에 어린이들이 입던 옷이에요. 색동은 여러 색의 옷감 조각을 차례차례 잇대어 만든 어린이용 저고리나 두루마기의 소맷감을 말하는데, 건강을 지켜주고 나쁜 기운을 쫓는다는 뜻이 담겨 있답니다.

떡판과 떡메
설날에는 하얀 가래떡을 동전 모양으로 잘라 떡국을 끓여 먹었어요. 가래떡은 시루에 찐 쌀가루를 떡판에 놓고 떡메로 여러 번 쳐서 만드는데, 메질을 많이 할수록 더욱 쫄깃쫄깃하고 맛있어졌어요.

윷과 윷판
설날부터 정월 대보름까지는 윷놀이가 한창이었어요. 윷놀이는 삼국 시대 이전에 부여족이 가축이 번성하기를 빌며 처음 시작했다고 해요. 윷놀이의 '도' '개' '걸' '윷' '모'는 각각 가축인 돼지, 개, 양, 소, 말을 가리키던 옛말이랍니다.

짚신과 체 섣달 그믐날 밤에는 '야광귀'라는 귀신이 마을로 내려와서 아이들의 신을 신어 보고 맞으면 신고 간다는 이야기가 있었어요. 이 때 신발을 잃으면 한 해 내내 운이 없다고 믿었기 때문에 섣달 그믐 밤에 아이들은 신발을 감추고 잤답니다. 벽에 체를 걸어 두면 야광귀가 체의 구멍 수를 세는 데 정신이 팔려 신발을 훔쳐 가지 못한다고 해서 문 옆에 체를 걸어 두는 집도 있었어요.

세화 옛날 사람들은 닭과 호랑이와 용에게 못된 귀신을 쫓는 힘이 있다고 믿었어요. 그래서 새해를 맞으면 집안에 나쁜 기운이 깃들지 않도록 대문이나 집 안팎의 벽에 닭이나 호랑이, 용의 그림을 붙였지요. 이런 그림을 '세화'라고 해요.

대문에 방을 붙이고 봄을 맞이하는 날 입춘

입춘은 24절기(태양의 운동에 따라 1년을 스물 네 시기로 나눈 것)가 시작되는 날로, 양력 2월 4일 무렵에 들어요. '입춘'은 봄이 시작된다는 뜻이에요. 입춘이 지나면 동쪽에서 따뜻한 바람이 불어와 얼어붙은 땅을 녹이고, 겨울잠을 자던 벌레가 움직이며, 물고기가 얼음 밑을 헤엄쳐 다니기 시작하지요.

봄은 사계절 가운데 처음 드는 계절이면서 한 해의 농사가 시작되는 계절이에요. 이러한 시작의 뜻을 새롭게 새기고자 우리 조상들은 입춘에 특별한 행사를 치렀답니다. 대문이나 문가에 새 봄의 기원을 담은 입춘방을 붙이고, 집 안팎을 청소하며 겨우내 묵은 먼지를 깨끗이 닦아냈어요. 겨울 내내 광에 넣어 두었던 농기구도 꺼내서 말끔히 손질했고요.

입춘방 옛날, 나라에서는 입춘에 신하들이 지어 올린 시 가운데 잘 된 것을 골라 대궐의 기둥과 난간에 붙여 놓았대요. 이 풍습이 전해져서, 백성들도 입춘이 되면 대문이나 문설주, 기둥 등에 좋은 글귀를 붙여 놓았답니다. 이것을 '입춘방'이라고 해요. 그림에 나오는 입춘방은 '입춘대길' '건양다경'이라 읽고 각각 '봄이 되니 큰 복이 온다'와 '철따라 경사가 겹친다'는 뜻을 담고 있어요.

글을 모르는 백성들은 어떻게 입춘방을 붙였을까?

백성들은 대개 서당의 훈장님이나 마을에 사는 선비에게 부탁해서 입춘방을 얻었어요. 입춘방은 커다란 솟을대문에 붙여야 멋이 난다고 여겨졌는데, 백성들의 집에는 대부분 대문이 없거나, 나뭇가지를 엮어 만든 사립문뿐이었지요. 그래서 백성들은 집 안의 문설주나 벽에다 입춘방을 붙였답니다.

족제비털 비
입춘이 되면 옛날 사람들은 봄맞이 대청소를 했어요. 겨우내 꼭꼭 닫아 두었던 방문과 부엌문, 광문을 활짝 열고 집 안 구석구석 먼지를 털고 바닥을 쓸고 닦았지요. 청소하는 곳에 따라 사용하던 빗자루도 달랐는데, 족제비털을 매어 만든 족제비털 비로 방바닥을 쓸면 먼지 한 톨 남지 않았답니다.

소복
하얀 한복을 말해요. 입춘에는 보리 뿌리를 가지고 농사 점을 쳤어요. 안주인이 소복을 입고 땅에 세 번 절을 한 뒤, 보리 뿌리를 뽑아 뿌리가 세 가닥 나오면 풍년이 들고, 두 가닥 나오면 그저 그렇고, 한 가닥 나오면 흉년이 든다고 믿었지요.

가마솥
입춘에 옛날 사람들은 곡식 다섯 가지를 가지고 농사 점을 치기도 했어요. 쌀, 보리, 콩, 조, 기장, 이 다섯 가지 곡식의 씨앗을 가마솥에 넣고 함께 볶다가, 가장 먼저 솥에서 튀어나오는 곡식이 그 해에 잘 된다고 보았지요.

쟁기 입춘에 남자들은 겨우내 광에 넣어 두었던 농기구를 꺼내 흙을 털고 깨끗이 손질했어요. 봄 농사는 겨우내 단단해진 논밭을 가는 일부터 시작했기 때문에 논밭을 가는 쟁기는 특히 꼼꼼히 손보았지요.

천자문 책 입춘에 서당 아이들은 천자문을 아홉 번 읽고, 나무꾼은 나무를 아홉 짐 했어요. 노인들은 새끼를 아홉 발 꼬고, 여자아이들은 나물을 아홉 바구니 캤고요. 이것을 '아홉차리'라고 하는데, 입춘에 같은 일을 아홉 번씩 되풀이하면 복을 받는다고 믿었답니다.

줄다리기를 하며 기운을 모으던 날
정월 대보름

　음력 1월 15일은 정월 대보름이에요. 한 해 들어 보름달이 처음 뜨는 날로, 이 날이 지나면 봄 농사가 본격적으로 시작되지요. 겨우내 계속된 휴식을 마치고 새해 농사를 시작하는 이 특별한 날에 우리 조상들은 특별한 행사를 치렀어요. 아침 일찍 일어나 부럼을 깨물고 오곡밥과 묵은 나물을 먹고는, 줄다리기를 하며 농삿일을 시작할 힘을 다졌지요. 그러다 보름달이 두둥실 떠오르면 사람들은 산으로 올라갔어요. 그리고 푸짐한 보름달을 바라보며 풍년과 가족의 건강을 기원했답니다.

줄 대보름에는 마을과 마을, 고을과 고을 사람들이 편을 나누어 줄다리기 시합을 벌였어요. 줄은 집집마다 짚을 조금씩 걷어 만들었는데, 수백 명이 함께 당길 수 있을 만큼 굵고 튼튼했지요. 줄의 지름이 1미터 이상, 길이가 100미터 이상인 것이 수두룩했어요. 대보름 줄다리기에서 이긴 편은 그 해 농사가 잘 된다고 믿었기 때문에 줄다리기 시합은 한 치의 양보도 없이 이루어졌어요. 이긴 편의 줄을 논밭에 던져두어도 농사가 잘 된다고 해서 줄다리기가 끝난 뒤에 줄을 베어 가는 사람도 많았답니다.

무거운 줄다리기 줄을 어떻게 시합장까지 날랐을까?

먼저 굵은 몸통 줄에 일정한 간격으로 장대를 꽂은 다음에, 그 장대를 어깨에 메고 옮겼어요. 수십 명 이상이 힘을 합쳐야 했기 때문에, '편장'이라는 지휘관이 줄 위에 올라타고 방향과 속도를 조절해 주었어요.

다리 대보름 밤에 다리를 밟으면 한 해 내내 다리가 아프지 않다는 말이 있었어요. 그래서 옛날 사람들은 대보름 밤에 부지런히 다리를 건너다녔답니다. 크고 오래 된 다리를 나이 수대로 왔다 갔다 하는 사람들도 있고, 열두 달 내내 건강하기를 기원하며 다리 열두 개를 건너는 사람들도 있었어요. 대보름 밤에 다리가 어찌나 북적거렸던지 관아에서 신분과 성별에 따라 다리 밟는 날을 따로 정하기까지 했답니다.

연 연에 적힌 글자는 '송액'이라고 읽는데, '나쁜 기운을 보내고 새해를 맞이한다'는 뜻이 담겨 있어요. 대보름에 아이들은 이런 글자를 연에 적어 띄우고 놀다가, 해질 무렵에 연줄을 끊어 멀리 날려 보냈답니다.

널 대보름에 여자들은 마당에 널을 깔고 널뛰기를 했어요. 바깥 나들이가 어려웠던 조선 시대 여자들도 널뛰기를 할 때는 담장 밖을 마음껏 구경할 수 있었지요. 지나다니는 사람들에게 맵시를 뽐내려고 노리개와 패물로 화려하게 치장하고 널을 뛰는 여자들도 있었어요.

달집 대보름 밤에 달이 뜨면 달집을 태웠어요. 달집은 나무로 틀을 짜고 그 위에 짚을 덮어 만들었는데, 보름달이 떠오르면 달빛이 새끼줄을 꼬아 만든 달을 비추게 되어 있었지요. 이 때 사람들은 풍물을 울리며 달집에 불을 놓았어요. 그리고 달집이 활활 잘 타면 그 해 풍년이 들고, 불이 도중에 꺼지면 흉년이 든다고 믿었답니다.

부럼 대보름에는 아침 일찍 일어나 호두, 밤, 잣, 땅콩 같은 딱딱한 열매를 깨물어 먹어요. 이런 열매를 부럼이라고 하는데, 부럼을 깨물면 부스럼이 나지 않고 이가 튼튼해진다고 하지요.

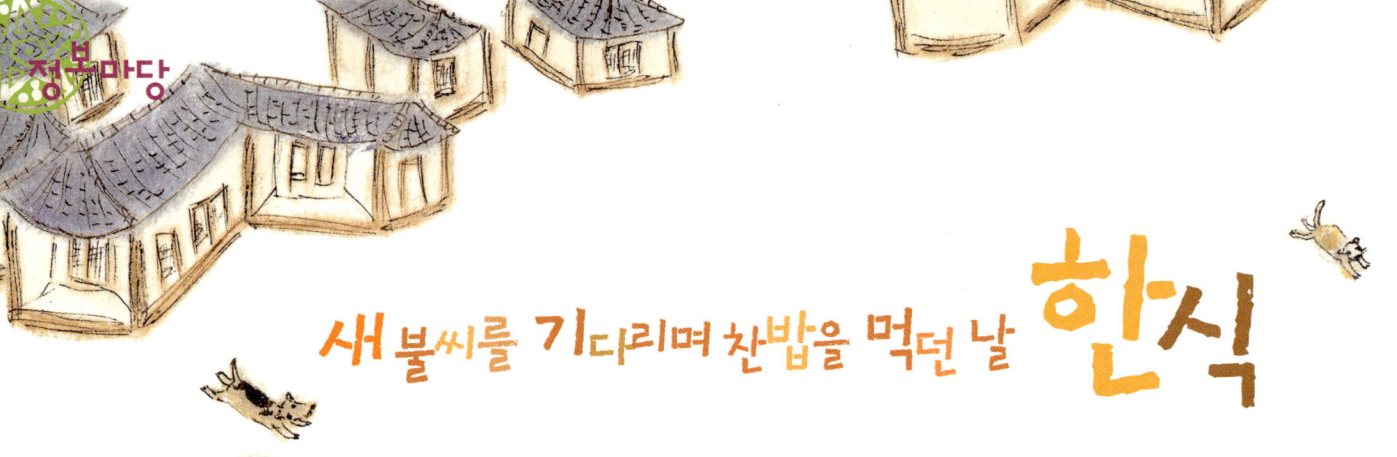

새 불씨를 기다리며 찬밥을 먹던 날 한식

한식은 양력으로 4월 5일이나 6일, 그러니까 식목일 무렵에 드는 명절이에요. 한자로 '찬밥을 먹는 날'이라는 뜻인데, 옛날 사람들은 한식에 정말로 찬밥을 먹었답니다. 이 무렵이 되면 봄을 맞은 기념으로 나라에서 불씨를 새로 나눠 주었는데, 이 때 묵은 불씨를 사용하면 좋지 않은 일이 생긴다는 이야기가 있었거든요. 그래서 집집마다 묵은 불씨를 꺼뜨리고 새 불씨가 도착하기를 기다리며 찬밥을 먹은 거지요. 어둠을 밝히고 생명과 건강을 지켜주는 불씨를 새로 받던 한식날에 옛날 사람들은 조상의 은혜를 기리며 성묘도 했답니다.

삼끈을 나무토막에 비비면 왜 불이 일어날까?

추운 겨울에 손바닥을 마주대고 비비면 열이 나듯이 물체와 물체를 맞대고 비비면 열이 납니다. 이 열을 마찰열이라고 하는데, 마찰열이 심해지면 불이 나지요. 삼끈을 나무토막에 비비면 불이 나는 것도 바로 이 마찰열 때문이랍니다.

삼끈과 느릅나무

조선 시대에 조정에서는 한식에 새 불을 일으켰어요. 새 불은 느릅나무나 버드나무에 구멍을 내고 삼으로 꼰 줄을 꿴 다음에 삼끈을 톱질하듯 잡아당겨 일으켰는데, 이렇게 해서 나무에 불이 붙으면 그 불을 임금님께 바쳤지요. 그러면 임금님은 그 불을 관아와 대신들의 집에 나누어 주고, 관아와 대신들은 백성들에게 나누어 주었답니다.

화덕 성냥이나 라이터가 없던 시절에 사람들은 불씨를 아주 귀하게 여겼어요. 불씨는 대개 화덕에 넣어 두고 며느리가 관리했는데, 불씨를 꺼뜨린 며느리는 시집에서 쫓겨나기도 했지요. 며느리가 불씨를 꺼뜨리고도 혼이 나지 않는 날은 일 년에 단 하루, 한식날뿐이었답니다.

가래 한식이 지나면 벼농사도 본격적으로 시작되었어요. 농부들은 한식에 가래로 흙을 퍼서 논둑을 다시 다졌답니다. 그래야 논둑으로 물이 새지 않아 벼가 잘 자랄 수 있거든요.

호미 한식부터는 식물이 아주 잘 자라요. 그래서 한식이 되면 호미를 가지고 밭에 농작물의 씨앗을 심었답니다. 성묘를 갔다가 조상의 무덤 주위에 나무를 심는 사람들도 있었어요. 이런 풍습이 이어져서 식목일이 한식 무렵으로 정해지게 되었답니다.

비석과 무덤 새 불씨를 받는 신성한 한식에 우리 겨레는 조상님의 무덤에 가서 제사를 지내고 무덤을 손질했어요. 추운 겨울을 거치며 무덤에 허물어진 부분이 있으면 흙을 퍼다 메우고, 잔디 씨앗을 뿌려 떼를 입혔지요.

꽃지짐을 부쳐 먹는 날 삼월 삼짇날

음력으로 3월 초가 되면 산에 들에 꽃이 피고 나비와 벌이 날기 시작해요. 들판에서는 아지랑이가 아른아른 피어오르고, 종달새가 공중을 오르내리며 짝짓기를 하고, 강남 갔던 제비도 돌아오지요.

삼짇날은 이렇게 봄기운이 무르익는 음력 3월 3일에 찾아옵니다. 우리 조상들은 이 아름다운 봄날에 일손을 잠시 놓고 진달래꽃, 개나리꽃이 흐드러지게 핀 산골짜기로 봄나들이를 갔답니다.

무쇠 솥뚜껑 옛사람들은 삼짇날에 진달래꽃을 따다가 꽃지짐을 부쳐 먹었어요. 꽃지짐은 대개 가마솥 뚜껑을 젖혀 불에 걸어놓고 부쳤는데, 형편이 넉넉한 집에서는 번철이라는 지짐이용 그릇을 쓰기도 했어요. 번철은 가마솥 뚜껑을 젖혀놓은 것처럼 생긴 무쇠 그릇이랍니다.

진달래꽃은 무슨 맛일까?
진달래꽃을 따 먹으면 단맛이 나요. 그래서 간식거리가 부족하던 옛날에 아이들은 진달래꽃을 곧잘 따 먹었답니다. 이따금 진달래꽃과 비슷하다고 철쭉꽃을 따 먹었다가 배앓이를 심하게 하는 아이들도 있었어요. 철쭉꽃에는 배탈을 일으키는 독이 들어 있거든요.

제비집 삼짇날 무렵에는 남쪽나라로 날아갔던 제비가 돌아왔어요. 우리 조상들은 제비가 처마에 둥지를 틀면 좋은 일이 생긴다고 믿었어요. 그래서 지난 해에 제비가 둥지를 틀었던 집에서는 삼짇날에 제비를 맞으려고 제비집을 손질했답니다.

활과 화살 삼짇날에는 삼천리 방방곡곡에서 활쏘기 대회가 열렸어요. 고구려 시대에 낙랑 벌판에서 열리던 활쏘기 대회는 특히 성대했는데, 우리에게 잘 알려진 온달 장군은 이 대회에서 실력을 인정받아 장수가 되었답니다.

풍경 절의 처마 끝에 매달린 작은 종을 말해요. 바람이 부는 대로 흔들리며 맑은 소리를 내는데, 종을 울리는 추 밑에 물고기 모양의 쇳조각을 붙여놓은 것이 많지요. 삼짇날에 불교를 믿는 사람들은 사람에게 잡혀 죽게 된 물고기나 거북을 사서 강에 다시 풀어 주었어요. 이것을 방생이라고 하는데, 방생에는 부처님의 사랑을 실천한다는 뜻이 담겨 있지요.

갓과 담뱃대 삼짇날 무렵에는 날씨가 무척 따뜻해요. 그래서 옛날 사람들은 삼짇날에 냇가에서 겨우내 묵은 때를 벗겨냈답니다. 남자들은 팔다리를 씻고 겨우내 때에 전 갓과 갓끈, 그리고 담뱃대를 물에 씻었어요. 여자들은 삼삼오오 모여서 냇물에 머리를 감았지요.

풀각시 풀각시는 대나무 쪽에 풀줄기로 머리를 땋아 붙이고 자투리 헝겊으로 옷을 입혀 만들어요. 삼짇날 여자아이들이 만들어 가지고 놀았는데, 풀각시 말고도 헝겊으로 이불이나 베개, 병풍까지 만들어 노는 아이들도 있었지요. 남자아이들은 풀잎을 서로 엇걸어 상대편의 것을 끊는 풀싸움을 하거나 물오른 버드나무의 껍질을 벗겨 피리를 만들어 불고 다녔답니다.

연등 축제를 벌이던 날 초파일

음력 4월 8일은 부처님이 태어나신 것을 축하하는 날이에요. 석가 탄신일 또는 초파일이라고 하는데, 삼국 시대부터 큰 명절로 이어져 왔답니다. 초파일 행사는 온 백성이 불교를 믿던 고려 시대에 특히 성대하게 치러졌어요. 갖가지 모양과 색깔의 등이 초파일 며칠 전부터 거리를 장식하고, 어두운 밤하늘에는 불꽃이 날리고 불화살이 날아다녔지요. 고려 사람들은 이렇게 낮처럼 환히 밝혀진 밤거리를 거닐며 부처의 사랑을 되새기고 가정과 나라가 평안하기를 빌었답니다.

등

초파일이 가까워지면 불교를 믿는 사람들은 집 밖에 기둥을 세우고 등을 달아 놓았어요. 추녀 끝이나 나뭇가지에 줄을 매어 등을 달기도 했고요. 등은 자녀 수만큼 달았는데, 등불이 밝을수록 자녀들의 앞날이 밝다고 생각했지요.

초파일 밤에는 왜 등불을 밝힐까?
부처님은 지혜와 자비로 어두운 세상을 밝히신 분입니다.
초파일에는 부처님의 이러한 공덕을 기리고
깨달음의 세계에 이르고자 어두운 밤에
등을 내걸었답니다.

탑

탑은 부처님의 유골이나 유품을 모신 곳으로, 불교를 믿는 사람들에게 부처님과 같은 뜻을 지녀요. 그래서 초파일에 불교를 믿는 사람들은 탑 주위를 빙빙 돌면서 부처님의 공덕을 기렸답니다. 가족의 건강과 집안의 평안을 기원하기도 하고요.

물동이와 바가지

옛날에 등은 초나 기름으로 밝혔기 때문에 불이 나기 쉬웠어요. 그래서 등 밑에는 대개 물동이를 갖다 놓았지요. 초파일에 엄마들과 아이들은 이 물동이에 바가지를 엎어놓고 나뭇가지로 바가지를 두드리며 노래를 불렀답니다. 이것을 물장구 또는 수부희라고 하지요.

숯 초파일에는 불꽃놀이도 성황을 이루었어요. 이때 불꽃을 일으키던 재료는 화약이 아니었지요. 숯가루와 소금을 섞어 기다란 봉지에 다져 넣고서 마디마디 실로 묶어 줄불을 만든 다음 여기에 불을 붙였어요. 줄불에 불을 붙이면 불꽃이 타닥타닥 타오르며 비 오듯이 쏟아졌답니다.

탄생불과 가마 부처님이 태어날 때 하늘에서 제석천이라는 신이 내려와서 향기로운 물로 목욕을 시켜 주었다고 해요. 그래서 초파일에 절에서는 아기 부처를 목욕시켜 주는 의식을 치른답니다. 아기 부처를 가마에 태우고 절간 마당을 돌면서 불상의 정수리에 물을 붓는 거예요. 이 때 부처님을 씻긴 물을 마시면 못된 마음과 질병이 사라진다는 이야기도 있답니다.

그네를 뛰고 씨름을 하며 신나게 놀던 날 단오

단오는 음력으로 5월 5일, 양력으로는 6월과 7월 사이에 들어요. 여름이 시작되는 이 때, 농부들은 한 해 농사의 절반이라고 일컬어질 만큼 고된 모내기를 마치고 잠깐 숨을 돌리지요. 이 휴식 시간을 좀 더 알차게 보내려고 옛사람들은 단오에 큰 잔치를 벌였어요. 그네뛰기, 씨름, 탈춤 등 곳곳에서 신나는 놀이판을 벌이며 그 동안 열심히 일한 서로를 위로하고 여름 농사를 시작할 힘을 북돋았지요.

그네 단오가 가까워지면 동구 밖 큰 나무에 그네가 매였어요. 그러면 마을 여자들은 그네터에서 치맛자락을 나풀거리며 그네를 뛰었지요. 큰 고을에서는 단오에 그네뛰기 시합도 벌어졌는데, 맞은 편의 높다란 나뭇가지나 그 가지에 매달린 방울을 차고 내려 오는 것으로 승부를 가렸답니다.

그네를 타고 한 바퀴를 돌 수는 없을까?

그네를 아주 빠른 속도로 뛴다면 가능할 수도 있지만, 사람의 힘으로 그만한 힘을 낼 수는 없대요. 단, 곡예사들은 밧줄이나 쇠사슬에 매달린 그네 대신에 쇠막대 그네를 타고 한 바퀴 돌기 묘기를 부린답니다. 쇠막대 그네를 타면 곡예사가 발을 구르는 힘이 그네에 더욱 많이 전달되어 그네가 움직이는 속도가 빨라지거든요.

부채 단오가 지나면 여름이 시작되어요. 무더운 여름에 쓰라고 옛날 사람들은 단오에 부채 선물을 즐겨 했지요. 여름에 부채는 시원한 바람을 일으키고 햇빛을 가리며 귀찮은 파리와 모기도 쫓는 등 쓰임새가 참 많았답니다.

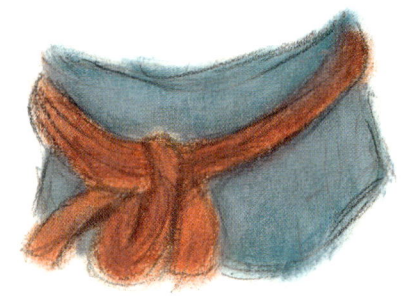

샅바 단오에 남자들은 드넓은 모래사장이나 잔디밭에 모여 씨름 시합을 벌였어요. 마을을 대표하는 장사들이 갖가지 기술을 펼치며 시합을 벌이면, 사람들은 목이 터져라 함성을 지르며 응원했지요. 씨름 대회에서 우승한 사람은 농민들에게 가장 큰 재산이던 황소를 상으로 받았답니다.

놋대야 단옷날에 여자들은 창포 뿌리를 삶아 그 물에 머리를 감았어요. 결혼한 여자들은 창포의 하얀 뿌리를 잘라 붉은 연지를 칠하고 비녀처럼 머리에 꽂고 다니기도 했지요. 이렇게 하면 머리카락이 윤기가 돌고 탐스러워진다고 믿었답니다.

수레바퀴 무늬 떡살과 수리취떡

단오는 우리말로 수릿날이라고 해요. 수릿날은 '신의 날' '최고의 날'이라는 뜻인데, 수리는 수레의 옛말이기도 해요. 그래서, 옛날 사람들은 단오에 수레바퀴 무늬 떡살로 수레바퀴 모양의 떡을 찍어 먹었답니다. 이 수레바퀴 모양의 떡을 수리취떡이라고 해요.

탈 우리 나라 북부 지방은 추위가 오래 가서 단오 무렵이 되어야 날씨가 완전히 풀려요. 그래서인지 북부 지방 사람들은 단오를 추석보다도 더 크게 치렀답니다. 단오 때 황해도에서는 봉산탈춤, 강령탈춤, 은율탈춤 등 탈놀이가 크게 벌어졌고, 강원도에서는 단오굿판이 크게 펼쳐졌지요.

펄펄 끓는 국물로 더위를 이기던 날 삼복

　찌는 듯한 무더위를 말할 때 사람들은 흔히 삼복더위라고 해요. 삼복이란 초복, 중복, 말복을 통틀어 일컫는 말인데, 음력으로 6월에서 7월 사이, 양력으로는 7월부터 8월 사이에 10일 간격으로 찾아오지요. 삼복은 한 해 중 가장 무더운 철로, 가만히 있어도 등줄기에 땀이 줄줄 흘러내려요. 그래서 우리 조상들은 삼복에 무더위를 피하기 위한 특별한 방법을 개발했답니다. 열을 열로 물리친다고 해서 펄펄 끓는 뜨거운 국물 음식을 먹고 땀을 뻘뻘 흘리기도 했고, 대나무로 죽부인을 만들어 품에 끼고 자기도 했지요.

뚝배기는 왜 밥상 위에서도 끓을까?

뚝배기는 흙으로 된 그릇이라 음식을 데우는 데 시간이 많이 걸려요. 하지만 한 번 데워지면 좀처럼 식지 않지요. 그래서 뚝배기에 담긴 음식은 밥상 위에서도 계속 끓는답니다.

뚝배기 삼복에 우리 조상들은 닭고기 삼계탕과 개고기 보신탕, 물고기 매운탕 같은 뜨거운 국물 요리를 먹었어요. 이런 국물 음식은 뚝배기에 담아 땀을 뻘뻘 흘리면서 먹어야 제격이에요. 그러면 땀이 마르면서 몸을 식혀 줘서 더위가 싹 가시거든요.

대자리 옛날 사람들은 삼복더위에 대로 엮은 자리를 깔고 잤어요. 대나무는 차가운 기운이 있어 살에 닿으면 무척 시원해요. 또, 땀을 흘려도 몸에 달라붙지 않고 틈새로 바람이 통해 땀이 빨리 마르지요. 그래서 대자리를 깔고 자면 더위가 한결 가셨답니다.

죽부인 선비들은 삼복더위에 죽부인을 안고 잤어요. 죽부인은 대나무를 길고 둥그렇게 엮어 놓은 침구를 말해요. 길이가 사람의 키만해서 안고 자기에 좋은데, 공기가 잘 통하고 대나무 특유의 차가운 기운이 있어서 홑이불 속에 넣고 안고 자면 무척 시원했지요.

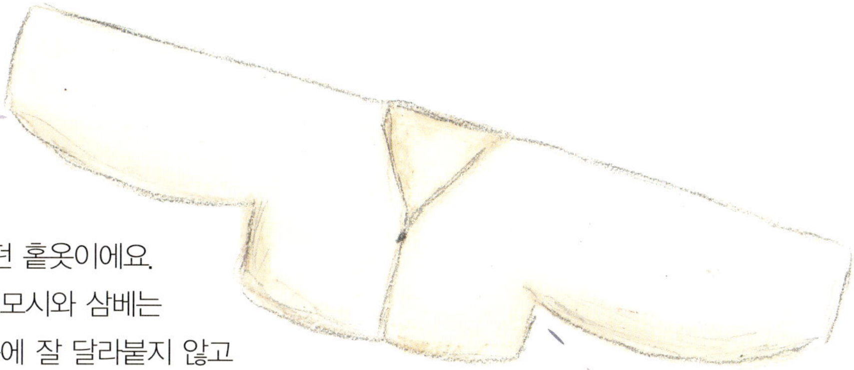

적삼 삼복 무렵에 웃도리에 입던 홑옷이에요. 대개 모시나 삼베로 지었어요. 모시와 삼베는 모두 삼으로 만든 옷감인데, 몸에 잘 달라붙지 않고 깔깔해서 입으면 시원해요. 또, 물기를 잘 빨아들이고 빨리 마르기 때문에 입고서 땀을 많이 흘려도 상쾌하답니다.

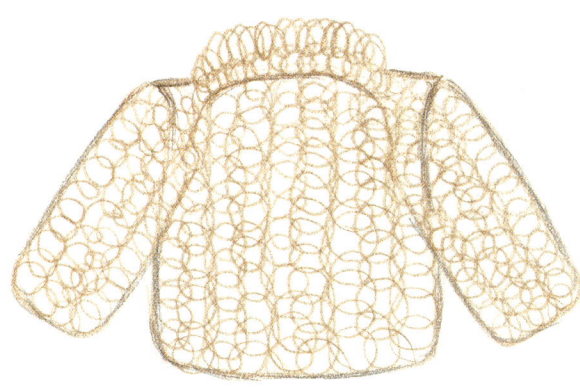

등등거리 등 덩굴을 결어 만든 웃옷을 말해요. 적삼 속에 받쳐 입으면 몸에 땀이 차지 않고 바람이 잘 통하지요.

석빙고 냉장고가 없던 옛날에 나라에서는 겨울에 강에 낀 얼음을 잘라서 석빙고에 넣어 두고 필요할 때마다 꺼내 썼어요. 그랬던 만큼 얼음이 무척 귀해서, 삼복 때 높은 관리들이나 왕실의 어른들에게 빙고의 얼음을 선물로 나눠 주기도 했답니다.

밤하늘의 별을 바라보던 날 칠석

여름에 내리는 비는 벼가 자라는 데 도움을 주지만 초가을에 내리는 비는 벼농사에 나쁜 영향을 끼쳐요. 벼 이삭이 패어 한창 여무는 시기인데, 비가 많이 오면 벼 이삭이 제대로 여물지 못하거든요.

그래서 삼복이 지나고 더위가 꺾이면 우리 조상들은 밤하늘을 바라보며 이튿날 날씨 걱정을 많이 했어요. 그러다 밤하늘에 총총한 별을 바라보며 상상의 세계에 빠져들기도 했고요. 음력 7월 7일, 양력으로 초가을에 드는 칠석은 이러한 마음이 한데 엮여 명절로 굳어졌어요.

베틀 칠석은 하늘의 목동 견우와 베 짜는 직녀가 만나서 사랑을 나누는 날이라고 해요. 그래서 여자들은 칠석날 밤에 직녀성을 바라보며 베 짜는 솜씨가 늘게 해 달라고 빌었답니다. 상에 참외와 오이를 올려놓았다가 거미가 그 위에 줄을 치면 직녀성이 소원을 들어 주었다고 좋아하기도 했어요.

옛날에는 옷감으로 물건을 샀대요.

1600년대 초까지 사람들은 옷감으로 가축이나 땅을 샀어요.
화폐가 아직 발달하지 않아 옷감이 돈의 역할을 대신한 거지요.
실제로 조선 시대 초기에 과거를 보러 가던 선비들은
괴나리봇짐에 옷감을 싸 가지고 가다가 밥값과 방값으로
옷감을 잘라 주었답니다.

장독대 옛날 사람들은 숫자 '7'하면 북두칠성을 떠올렸어요. 그래서 7월 7일, 7이 겹치는 칠석이 되면 북두칠성에게 특별히 제사를 지냈답니다. 이른 새벽에 처음 길은 우물물을 그릇에 담아 장독 위에 올려놓고 가족들이 건강하게 오래오래 살게 해 달라고 빈 거예요. 북두칠성은 가족의 건강과 수명을 다스리는 별이라고 알려져 있었거든요.

농기 칠석 무렵이 되면 힘겨운 김매기(논밭에서 잡초를 뽑는 일)도 끝이 나고 수확 때까지 특별히 할 일이 없었어요. 모처럼 맞는 이 넉넉한 시간에 옛날 사람들은 농기를 높이 들고 풍물을 치며 풍년을 기원하는 잔치를 벌였답니다. 농기에 적힌 한문은 '농업이 세상의 근본이다.' 라는 뜻을 담고 있습니다.

빨랫줄 칠석은 대개 장마가 끝난 뒤에 들어요.
그래서 옛사람들은 칠석이 되면 눅눅해진 옷과
책을 꺼내 쨍한 초가을 볕에 말렸답니다.
칠석에 볕에 말린 옷과 책은 일 년 내내 좀이 슬거나
곰팡이가 피지 않는다는 말도 있었어요.

붓과 한지 칠석은 별자리를 바라보며 상상의 세계에
빠져드는 날이면서, 학생들에게는 시험을 치는 날이었어요.
서당에서는 학동들을 앉혀 놓고 글짓기 시험을 치렀고,
나라에서는 성균관(조선 시대에 대학 역할을 하던 곳)의
선비들을 모아 놓고 칠석맞이 특별 과거를 치렀지요.

우물 칠석이 가까워지면 옛날
사람들은 우물 앞에서도 제사를
지냈답니다. 우물물을 모두 퍼내고
우물 바닥과 벽을 깨끗이 청소한
다음에 떡과 술을 차려 놓고
마을 사람들의 건강을 기원한 거예요.

수확을 앞두고 잔치를 벌이던 날 추석

음력 8월이 되면 가을이 한창입니다. 덥지도 춥지도 않은 맑은 날씨가 계속되고 오곡백과가 무르익어 콧노래가 절로 흘러나오지요. 이 좋은 음력 8월에 보름달이 두둥실 떠오르면, 우리 조상들은 가을걷이를 축하하는 잔치를 벌였어요. 추석은 이렇게 해서 굳어진 명절이랍니다.

추석이 되면 우리 조상들은 그 해 들어 처음 거둔 곡식과 과일을 가지고 조상님께 차례를 지냈어요. 그리고 송편을 빚어 이웃과 나누어 먹고, 씨름과 줄다리기, 그네뛰기, 강강술래 등 신나는 놀이를 즐기며 땀 흘려 일한 서로를 위로하고 힘을 북돋아 주었지요.

송편을 솔잎과 함께 찌면 왜 오래 갈까?

식물은 해로운 세균을 물리치기 위해 잎으로 피톤치드라는 살균 물질을 내뿜어요. 그런데 소나무는 여느 식물보다 10배나 강력한 피톤치드를 내뿜는답니다. 이 강력한 살균 물질 때문에 송편은 솔잎과 함께 찌면 쉽게 상하지 않아요.

떡시루 추석에는 햅쌀과 햇곡식으로 달 모양의 송편을 빚어, 시루에 넣고 쪄냈어요. 송편 사이에 솔잎을 켜켜이 깔았는데, 이렇게 하면 송편이 서로 달라붙지 않아 먹기 좋았어요. 또 솔잎 향 덕분에 더욱 먹음직스러워졌고 오래 두어도 쉽게 상하지 않았지요.

낫 추석 아침에 옛날 사람들은 햇과일과 햇곡식을 차려놓고 조상님께 차례를 지냈어요. 그러고는 조상님의 무덤을 찾아가서 허물어진 곳을 메우고, 잡초를 베고 잔디를 단정히 깎았지요. 이때 쓰이던 도구가 낫이에요. 이렇게 낫으로 잡풀을 베어내 무덤을 손질하는 것을 '벌초'라고 해요.

꽹과리와 장구 추석에는 온 나라에 풍물 소리가 울려 퍼졌어요. 풍물 악기는 꽹과리, 징, 북, 장구 등으로 이루어져 있는데, 치는 법이 간단해서 흥이 나면 누구나 신나게 울려댈 수 있었지요. 풍물놀이판은 마을을 돌면서 펼쳐지기도 하고, 씨름이나 줄다리기, 소놀이 같은 놀이판에서 펼쳐지기도 했답니다.

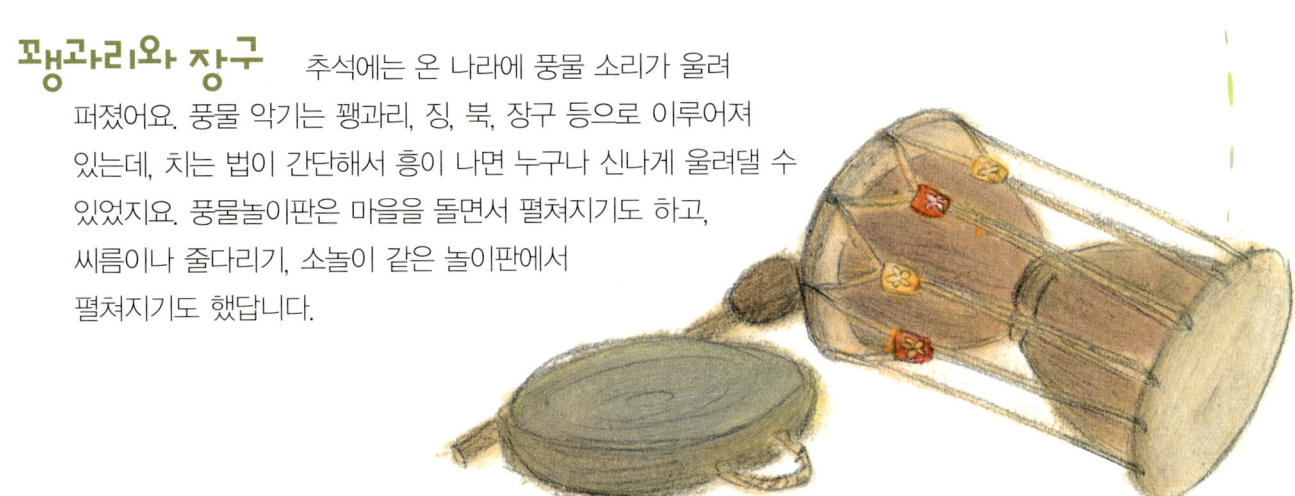

베 신라 시대에 여자들은 음력 7월 16일부터 한 달 동안 편을 갈라 누가 길쌈(베짜기)을 더 많이 하는지 내기를 했어요. 승부는 8월 한가위에 가렸는데, 진 편이 이긴 편을 위해 크게 잔치를 열어 주었지요.

동고리 옛날 며느리들은 추석 무렵에 동고리에 떡과 음식을 넣어 가지고 친정에 인사를 갔어요. 사정이 있어 친정까지 못 가면, 시집과 친정의 중간 지점에서 친정 어머니를 만나기도 했지요. 시집과 친정의 중간에서 만난다고 해서 이것을 '반보기'라고 한답니다.

멍석 정월 대보름 보름달은 높은 산에 횃불을 들고 올라가서 맞았지만, 추석 보름달은 가족끼리 마당에 멍석을 깔고 앉아 맞았어요. 이 때 사람들은 달님에게 가을걷이를 무사히 마치고 내년 농사도 잘 지을 수 있게 해 달라고 빌었지요.

복조리를 만들며 새해 채비를 하던 날 동지

　동지는 추위로 산과 들이 꽁꽁 얼어붙는 양력 12월 22일 무렵에 들어요. 한 해 중에 낮이 가장 짧고 밤이 가장 긴 날이지만, 달리 생각하면 동지부터 밤이 짧아지고 낮이 길어진다고 할 수 있지요.

　사실, 옛날 사람들은 동지를 태양이 기운을 되찾는 기쁜 날이라고 생각했어요. 그리고 한 해의 또 다른 시작이라는 뜻으로 동지를 '아세' 곧 '작은 설'이라고 불렀지요. 동지에 옛사람들은 책력을 들여다보며 새해 계획을 세우고, 새알심이 나이 수대로 들어 있는 팥죽을 먹었답니다.

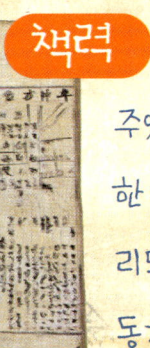

책력

조선 시대에는 동지에 관리들에게 새해 책력을 나누어 주었어요. 책력은 옛날 사람들이 쓰던 책 모양의 달력이에요. 한 해의 절기와 그때그때 해야 할 일과 하지 말아야 할 일이 정리되어 있어 일상생활에 쓸모가 많았지요. 그래서 백성들도 동지에 책력을 곧잘 선물했답니다.

철에 맞는 선물, 하선동력

'하선동력'이란 글자 그대로 풀이하면 '여름 부채, 겨울 달력'이라는 뜻이 됩니다. 여름에는 부채만한 선물이 없고 겨울에는 달력만한 선물이 없다는 뜻으로 철에 맞는 선물을 가리킬 때 쓰는 말이지요.

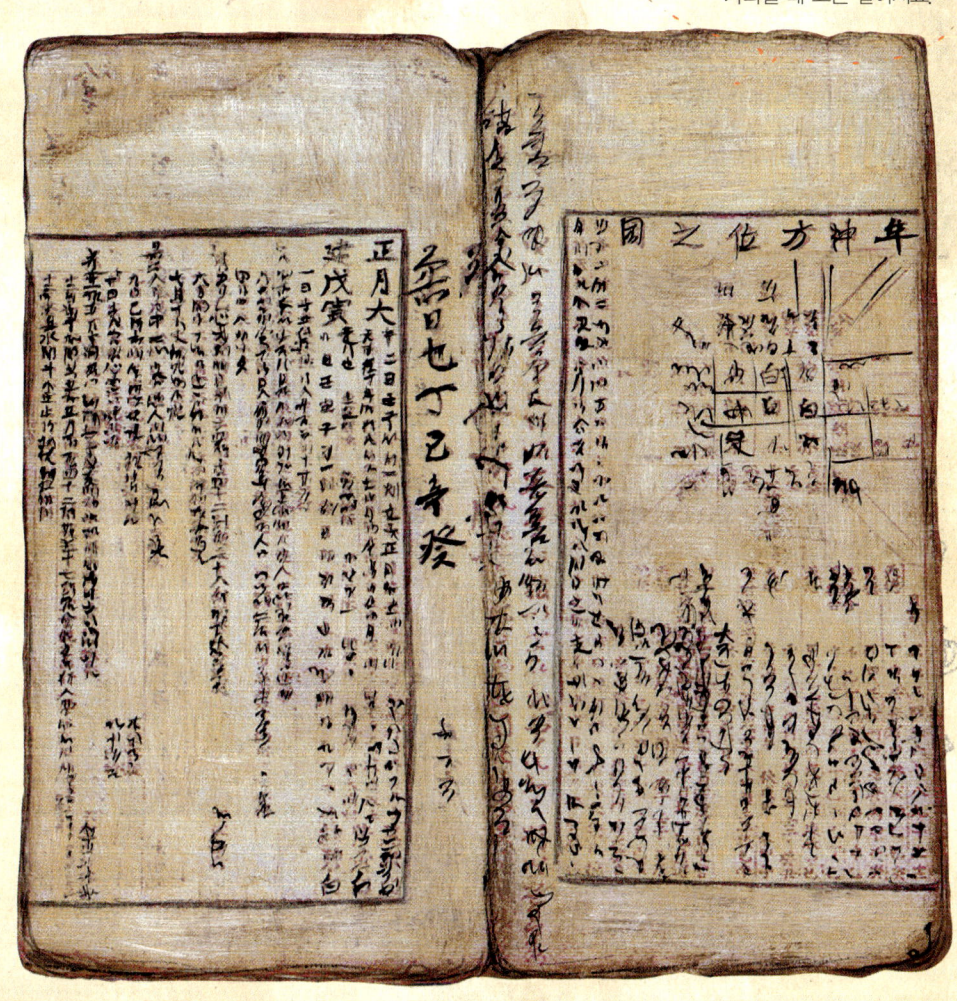

팥죽 옛날 사람들은 붉은 팥에 질병과 못된 귀신을 쫓아내는 힘이 있다고 생각했어요. 그래서 작은 설인 동지가 되면 붉은 팥으로 죽을 쑤어 방이나 마루, 광 같은 곳에 한 그릇씩 떠다 놓고 대문이나 벽에 뿌리기도 했지요. 설날에 떡국을 먹어야 나이를 한 살 더 먹는다고 하듯이 동지에 팥죽을 먹어야 나이를 한 살 더 먹는다는 말도 있었어요. 실제로 동지 팥죽에는 찹쌀 새알심을 나이 수대로 넣어 먹었답니다.

동지 부적 못된 귀신을 쫓거나 복을 불러들이기 위해 종이에 글씨를 쓰거나 그림을 그려 놓은 것을 부적이라고 해요. 오른쪽 부적에 적힌 글자는 '뱀'을 뜻하는 '사' 자인데 옛날 사람들은 집안에 나쁜 기운이 깃들지 못하게 하려고 동지에 이 부적을 벽이나 기둥에 거꾸로 붙였답니다.

버선

동지부터 며느리들은 시할머니와 시어머니, 시누이 등 시집의 여자 어른들께 선물할 버선을 지었어요. 이 버선을 '동지헌말'이라고 하는데, 동지부터 정초까지 동지헌말을 신고 다니면 오래 산다는 이야기가 있었지요.

복조리

청소년들은 동지부터 섣달 그믐날까지 부지런히 조리를 만들었어요. 그리고 설날 아침 일찍 마을을 돌며 집집마다 마당 안에 던져놓았어요. 이 조리를 벽에 걸어두면, 조리가 쌀을 일 듯 집 안에 복이 들어온다는 이야기가 있었어요. 그래서 이 조리를 복조리라고 한답니다.

설날부터 정월 대보름까지는 신나는 축제 기간

　설날과 정월 대보름은 매서운 겨울 추위가 한풀 꺾인 뒤에 찾아옵니다. 농작물이 자라기에는 아직 이른 시기지만, 날씨가 풀려서 집 안에만 틀어박혀 있기에는 조금 답답하지요. 그런데 나가서 일하기에는 아직 춥고 집 안에만 있기에는 조금 답답한 이 시기를 우리 조상들은 아주 지혜롭게 보내왔답니다. 보름 동안 모두가 신명나게 어울려 놀면서 한 해 농사를 시작할 힘을 모은 거예요.

정초의 축제는 아이들이 하나, 둘, 연을 띄워 올리는 것에서 시작되었어요. 그러고 나면 곳곳에서 윷판이 벌어졌고, 마을 사람들이 모두 모여 줄다리기 시합을 벌이거나, 풍물패를 앞세우고 마을의 모든 집을 돌며 춤을 추고 노래도 불렀지요.

그러다 정월 대보름이 되면 마을은 온통 불놀이 판이 되었답니다. 마을의 너른 마당에서는 풍년을 기원하며 세운 달집이 활활 타오르고, 논둑밭둑에서는 아이들이 쥐를 쫓으려고 놓은 쥐불로 활활 타올랐으며, 높다란 언덕이나 산등성이에서는 달맞이에 나선 사람들이 들고 있는 횃불이 활활 타올랐으니까요.

홀수가 겹친 날은 모두 명절일까?

옛날 사람들은 1, 3, 5, 7 같은 홀수를 양의 수라고 해서 밝고 따뜻하고 기운차다고 생각했어요. 그리고 양의 수가 겹치는 날을 명절로 삼았어요. 1월 1일 설날, 3월 3일 삼짇날, 5월 5일 단오, 7월 7일 칠석은 우리도 잘 아는 명절이고, 9월 9일 중양절은 옛날에 국화주를 마시며 가을을 즐기던 명절이었답니다.

하지만 명절이 모두 홀수로만 되어 있지는 않아요. 예를 들어 음력 8월 15일은 음의 수인 8이 들어 있지만 온 겨레가 즐기는 큰 명절 추석이에요. 이밖에 음력 6월 15일(유두)과 10월 15일(하원)도 명절로 지냈어요.

이 세 날은 모두 보름달이 떠오르는 날로, 옛사람들은 보름날을 양의 수가 겹치는 날만큼이나 좋은 날이라고 생각했거든요.

24절기란 무엇일까?

　설날이나 단오, 추석을 꼽을 때 쓰는 음력은 달의 운동을 바탕으로 만들어졌어요. 그 탓에 계절의 변화에 정확하게 맞아떨어지지 않아 농사에 이용하는 데 불편함이 많았지요. 계절의 변화는 태양의 운동에 따라 나타나는 자연 현상이거든요.

　그래서 우리 조상들은 태양의 운동을 보여 주는 날짜 계산법을 음력과 함께 사용했어요. 바로 이 날짜 계산법이 24절기예요. 태양이 원래 자리로 돌아오는 365일을 1년으로 잡고, 1년을 약 15일 간격으로 24등분한 날짜 계산법이지요. 입춘은 이 24절기 가운데 첫 번째 절기이고, 동지는 스물두 번째 절기입니다. 24절기는 태양의 운동을 바탕으로 하기 때문에 양력과 크게 다르지 않아요. 그래서 설날과 추석은 해마다 양력 날짜가 바뀌지만, 24절기의 입춘과 동지는 양력 날짜에 큰 변화가 없답니다.

명절에는 왜 떡을 해 먹을까?

　설날에는 가래떡으로 떡국을 해 먹고, 단오에는 수레 모양의 수리취떡을 먹고, 추석에는 송편을 빚어 먹어요. 이밖에 정월 보름에는 약밥을 먹고 삼복에는 증편, 곧 술떡을 먹고, 동지 팥죽에는 찹쌀가루로 빚은 새알심을 넣어 먹고요.

　이렇게 명절에는 떡이 빠지지 않아요. 그뿐인가요? 돌, 결혼, 환갑 같은 통과의례에도 떡은 꼬박꼬박 상에 오르고, 제사상에도 반드시

올라가지요. 우리 겨레는 왜 이렇게 중요한 날마다 떡을 해 먹게 되었을까요?

 떡은 밥보다 역사가 길어요. 밥을 지으려면 물과 곡식을 넣고 끓여도 흙물이 배어나지 않는 단단한 무쇠솥이 있어야 하는데 무쇠솥은 삼국 시대 후기에 와서야 널리 쓰이기 시작했거든요. 그전에는 곡식을 거두면, 가루를 내서 흙으로 빚은 시루에 넣고 쪄서 먹었어요. 이렇게 만든 음식은 밥보다 시루떡에 가까웠지요.

 떡이 중요한 날마다 상에 오르는 까닭은 여기에 있어요. 우리 겨레는 농사를 짓기 시작한 이후 줄곧 명절을 쇠고 통과의례를 치러 왔는데, 처음부터 상에 오른 것은 떡이었거든요. 그러다 밥이 주식이 되자 떡은 아예 의례용으로 굳어지게 된 거예요.

어머니가 지어 주신 새 옷을 입는 명절

설날이나 한가위가 가까워지면 가슴이 콩닥콩닥 뛰어요. 명절이 되면 헤어져 있던 친척들도 만나고, 맛있는 음식도 잔뜩 먹을 수 있잖아요. 또, 고운 새 옷도 입게 되고요.

옛날 사람들도 설날이나 단오, 한가위 같은 큰 명절에는 대개 새 옷을 입었어요. 가족의 새 옷을 모두 장만할 형편이 안 되면 아이들만이라도 새 옷을 만들어 주었지요.

그래서 명절이 가까워지면 옛날 아이들은 새로 지은 옷을 입을 꿈에 부풀어 밤잠을 설쳤어요. 하지만 엄마들은 명절 몇 달 전부터 밤

잠을 설쳐야 했답니다. 요사이에는 옷이 필요하면 시장이나 백화점에서 사 입으면 되지만, 옛날에는 옷을 집에서 지어 입었거든요. 옷감의 원료가 되는 삼이나 목화솜, 누에고치 등을 수확해 실을 잣고, 이 실로 옷감을 짜서 옷을 짓는 일을 모두 엄마가 도맡아 했지요.

 삼이나 목화솜, 누에고치를 거두어 실을 잣고 옷감을 짜는 일을 길쌈이라고 하는데, 길쌈은 무척 힘들고 고된 일이었어요. 이 고된 시간을 잊기 위해 옛날 어머니들은 여럿이 한 곳에 모여 서로 도와가며 길쌈을 하기도 했답니다.

머슴을 위해 잔치를 벌이는 날도 있었대

　머슴이란 부잣집에 얹혀살면서 품삯을 받고 농사일과 집안일을 도와주던 사람들을 말해요. 옛날에는 머슴들을 위로하며 잔치를 베풀던 날도 있었답니다. 바로 머슴날과 백중이에요.

　머슴날은 음력 2월 1일에 들어요. 밭갈이와 함께 한 해 농사가 시작되는데, 이 때 주인집에서는 한 해 농사를 열심히 지어 달라는 뜻으로 머슴들에게 떡과 술을 대접하며 잔치를 베풀었지요.

　백중은 가을걷이를 앞둔 음력 7월 15일에 들어요. 이 때 주인집에서는 수확 때까지 열심히 일해 달라고 머슴들에게 잔치를 베풀고, 특별 보너스도 주었어요. 이것을 '백중 새경'이라고 하는데, 백중 무렵이면 고을마다 특별 새경을 받은 머슴들을 위해 큰 장이 서기도 했답니다.

옛날에도 어린이날이 있었을까?

　어린이날이라고 정해진 날은 없었지만, 옛날에도 어린이를 위한 날이 있었어요. 음력 4월 초파일, 부처님 오신 날이에요.

　부처님 오신 날에 우리 조상들은 아이들의 수대로 집에 등을 내걸어 행복과 건강을 기원했어요. 그리고 등을 내건 밑에 물동이와 바가지를 갖다 놓고 아이들이 마음껏 두드리며 놀게 했지요.

　또, 초파일에 절 앞이나 거리에는 어린이를 위한 장이 서서 호랑이 인형, 각시 인형, 피리, 오뚝이 등 어린이들이 좋아하는 장난감을 팔았어요. 그래서 부모님과 절에 다녀오는 길에 아이들은 장난감을 하나씩 얻어 가지고 집으로 돌아갔답니다.

중국과 일본에서도
설을 쇤다고?

    설날은 우리 나라에서 가장 큰 명절의 하나예요. 그런데 이웃 나라 중국과 일본에서도 설날을 큰 명절로 쇤답니다.
    중국에서는 음력 1월 1일을 춘절이라고 불러요. 춘절에 중국 사람들은 짧게는 3일, 길게는 2주 이상 휴가를 즐긴답니다. 이 때는 각 지방으로 흩어졌던 가족들이 한꺼번에 고향을 찾아가기 때문에 우리처럼 곳곳에서 교통 정체가 일어나지요.
    중국 사람들도 춘절에 세배를 해요. 특별한 음식과 놀이를 즐기지

요. 춘절에 먹는 대표적인 음식은 만두예요. 만두는 춘절 전날 밤에 온가족이 함께 모여 빚는데 일부러 만두 안에 동전이나 설탕 조각을 넣어 둔대요. 그리고 이튿날 만두를 쪄 먹을 때 동전이나 설탕 조각이 든 만두를 먹는 사람에게 복이 온다고 믿지요.

춘절의 대표적인 민속놀이는 폭죽놀이인데, 이 때문에 춘절 기간에는 사고가 아주 많이 난답니다. 폭죽놀이를 하다가 사람들이 폭죽 파편에 다치거나 큰불을 내는 경우가 있지요.

일본 사람들은 설날을 양력으로 쇠어요. 하지만 설날에 하는 일은 우리와 비슷하답니다. 우리처럼 온 가족이 한 자리에 모여 설을 맞으며 맛있는 음식을 해 먹고, 웃어른께 세배를 하는 거예요. 아이들은 연날리기나 팽이치기를 하며 놀고요.

칠석에 숨어 있는 견우와 직녀의 사랑 이야기

옛날 하늘나라에 소를 모는 청년 견우와 베를 짜는 아가씨 직녀가 살았어요. 둘은 결혼을 했는데, 서로 너무 사랑한 탓에 하던 일을 게을리 하고 들로 산으로 놀러만 다녔어요. 화가 난 옥황상제가 꾸중을 했지만, 견우와 직녀는 말을 듣지 않았어요.

그러자 옥황상제는 견우와 직녀에게 불호령을 내렸습니다.

"일은 안 하고 놀러만 다니다니! 오늘부터 견우와 직녀는 서로 떨어져서 지내면서 그 동안의 잘못을 반성하거라!"

이렇게 해서 견우와 직녀는 은하수를 사이에 두고 서로 떨어져 지내다가, 7월 7일에만 만날 수 있게 되었어요. 하지만 옥황상제의 노여움으로 은하수에 놓인 다리가 끊어지는 바람에 7월 7일에도 견우와 직녀는 강 건너에서 서로를 바라만 보며 눈물을 흘려야 했지요.

그러자 땅에서는 7월 7일만 되면 난리가 났어요. 견우와 직녀의 눈물이 비가 되어 땅으로 내려와 큰 홍수를 일으킨 거예요.

견디다 못한 땅나라의 동물들은 회의를 했어요. 그러고는 까마귀와 까치가 7월 7일에 은하수로 날아올라 견우와 직녀가 만날 수 있도록 다리가 되어 주기로 했지요.

그래서 칠석이 되면 지금도 까치와 까마귀를 보기 어렵답니다. 병이 들거나 늙은 것을 제외하고는 모두 은하수에 다리를 놓으러 올라갔기 때문이래요.

건강을 돌보는 명절 음식

　명절 음식 중에는 건강에 도움을 주는 것이 많아요. 대보름에 먹는 묵은 나물도 그 중 하나지요. 정월 대보름에 묵은 나물을 먹으면 그 해 여름에 더위를 타지 않는다고 해서 우리 조상들은 늦가을부터 호박, 가지, 박나물, 버섯, 콩나물, 고사리, 순무, 시래기 등을 말려 묵혀 두었어요. 이러한 묵은 나물은 신선한 야채를 구하기 힘들던 겨울철에 사람들에게 비타민을 공급해 주는 귀한 음식이었지요.

입춘에 먹던 오신채도 훌륭한 건강 식품이었어요. 오신채란 파, 마늘, 달래, 평지 등 매운 맛이 나는 다섯 가지 나물을 색깔별로 모아 놓은 것을 말해요. 알록달록한 색깔도 곱지만, 톡 쏘는 듯한 매운 맛 때문에 오신채를 먹으면 겨우내 움츠러들었던 몸과 마음이 확 깨어났답니다.

단오에 쑥을 뜯던 풍습도 건강에 큰 도움이 되었어요. 우리 나라의 여름철은 덥고 축축해서 전염병이 돌기 쉬운데, 쑥은 전염병을 퍼뜨리는 해로운 벌레들을 없애 주거든요. 또한 여름 더위에 지친 기운을 북돋아 주고, 염증을 가라앉혀 주기도 했습니다.

익힘마당

옛날 물건 VS 요즘 물건

나무 팽이와 채 VS 플라스틱 팽이

나무 팽이 아이들이 겨울에 가지고 놀던 장난감. 나무를 깎아 만들고, 채로 쳐서 돌렸어요. 강이나 못, 논바닥 등 얼음판이 있는 곳에서만 가지고 놀 수 있었어요.

플라스틱 팽이 계절에 관계없이 가지고 놀 수 있고, 바닥이 매끈하면 집 안이나 집 밖 어디서나 칠 수 있어요. 채 대신에 손이나 총 모양의 슈터로 돌려요.

족제비털 비 VS 플라스틱 비

족제비털 비 족제비 털로 만든 빗자루. 빗솔이 부드럽고 촘촘해서 방바닥을 쓸면 티끌 하나 남지 않았어요.

플라스틱 비 플라스틱으로 만든 빗자루. 빗솔이 거칠어서, 쓸고 나면 먼지가 많이 남아요.

부싯돌 VS 성냥

부싯돌 불을 일으키던 도구. 강철로 된 부시로 내리치면 불꽃이 튀는데, 이 불꽃을 부싯깃에 받아 불을 냈어요.

성냥 불을 일으키는 도구. 문지르면 불이 잘 나는 화학 약품을 나뭇개비 끝에 발라 만들어요. 성냥갑의 거친 면에 그어 불을 내지요.

등잔 VS 전구

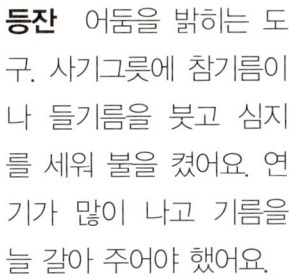

등잔 어둠을 밝히는 도구. 사기그릇에 참기름이나 들기름을 붓고 심지를 세워 불을 켰어요. 연기가 많이 나고 기름을 늘 갈아 주어야 했어요.

전구 어둠을 밝히는 도구. 전기가 흐르는 동안에는 불이 꺼지지 않아요.

물동이 VS 합성수지 그릇

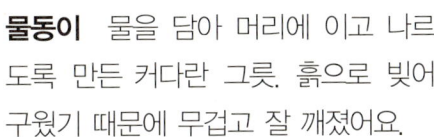

물동이 물을 담아 머리에 이고 나르도록 만든 커다란 그릇. 흙으로 빚어 구웠기 때문에 무겁고 잘 깨졌어요.

합성수지 그릇 물을 담아 한 손으로 들고 다니도록 만든 그릇. 가벼워서 들고 다니기 편하고 잘 깨지지 않아요.

쑥 VS 전자 모기향

쑥 모기약으로 쓰던 식물. 말린 쑥에 불을 붙여 연기를 내면 모기가 가까이 오지 않아요. 그래서 옛사람들은 단오 무렵부터 부지런히 쑥을 뜯었지요.

전자 모기향 전기로 살충 기체를 퍼뜨려 모기를 죽여요. 연기나 냄새는 전혀 없지요.

부채 VS 선풍기

부채 바람을 일으키는 도구. 삼복더위에 부채는 바람을 일으키고 햇빛을 가리며 귀찮은 파리와 모기를 쫓는 등 쓰임새가 많았어요.

창포 VS 샴푸

창포 머리에 윤기를 내주던 풀. 단오에 옛날 여자들은 창포를 삶은 물에 머리를 감았어요.

샴푸 머리를 감을 때 쓰는 세제. 머리에서 때를 빼고 윤기를 주며 은은한 향을 내지요.

붓과 벼루 VS 볼펜과 만년필

붓과 벼루 옛날에는 벼루에 먹을 갈아 그 먹물로 글씨를 썼어요.

볼펜과 만년필 글씨를 쓰는 도구. 촉을 통해 자동으로 먹이 흘러나오므로 사용하기 편해요. 크기가 작아 가지고 다니기도 좋아요.

선풍기 회전 날개를 돌려 바람을 일으키는 기계. 선풍기 바람은 부챗바람보다 시원하지만, 지나치게 오래 쐬면 건강에 좋지 않아요.

책력 VS 달력

책력 옛날에 쓰던 달력. 책 모양으로 되어 있고 한문으로 음력과 명절, 절기가 표시되어 있었어요. 옛날 사람들이 동지에 선물로 주고받곤 했지요.

달력 요사이에 쓰는 달력. 아라비아 숫자와 한글로 양력과 명절, 국경일 등이 표시되어 있어요. 연말에 은행이나 관공서에서 선물로 나눠 주곤 해요.

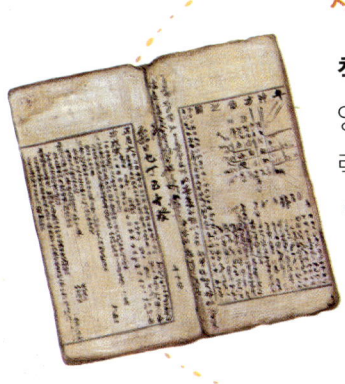

옛 물건으로 만나는 우리 문화 시리즈

1권 음식   가마솥과 뚝배기에 담긴 우리 음식 이야기
가마솥, 조리, 장독, 시루, 뚝배기, 소쿠리, 자배기 등의 옛 물건들을 통해 우리 음식 문화의 특징을 살펴보고, 우리 음식 문화에 숨어 있는 뛰어난 지혜와 슬기를 알아보세요.

2권 명절   복주머니랑 그네랑 신나는 명절 이야기
복주머니, 댕기, 연등, 창포물, 절구 등의 옛 물건에는 여러 가지 이야기가 담겨 있어요. 세시풍속과 명절 음식, 명절 놀이 등을 알아보며 그 속에 배인 조상들의 멋과 풍류, 삶의 지혜를 만나 보세요.

3권 직업과 도구   쓱쓱 쟁기 빙글빙글 물레, 누가 쓰던 물건일까
쟁기, 물레, 풀무, 먹통, 닥돌과 닥방망이……. 이게 다 누가 쓰던 물건일까요? 옛 장인들이 쓰던 도구를 살펴보고, 그 쓰임새와 해당 직업에 대해 알아봐요.

4권 교통과 통신   달구지랑 횃불이랑 옛날의 교통 통신
옛날 사람들은 어떻게 다른 고장을 오가고 소식을 주고받았을까요? 짚신, 가마, 마패, 봉화, 장승, 달구지 등을 통해 교통과 통신 수단의 발달이 우리 생활에 어떤 영향을 미쳤는지 알아봅시다.

5권 과학발명품   해시계랑 측우기랑 빛나는 우리 발명품
우리 겨레가 어떤 놀라운 발명품을 만들었는지, 그 발명품들을 어떻게 사용했는지 알아보고, 장영실과 최무선 같은 뛰어난 발명가들을 만나 보세요.

6권 멋   노리개랑 조각보랑 겨레의 멋 이야기
우리 조상들이 만든 옛 물건 가운데는 곱고 멋진 것이 참 많아요. 조상들의 뛰어난 솜씨를 살펴보고 우리 겨레의 삶 속에 숨어 있는 조상들의 멋과 정취를 만나 보아요.

7권 놀이   굴렁쇠랑 새총이랑 신명나는 옛날 놀이
옛날에는 골목마다 십자놀이, 자치기, 소꿉놀이, 제기차기를 하며 노는 아이들이 많았어요. 명절에는 줄다리기, 연날리기, 씨름과 그네뛰기 어른 아이 할 것 없이 신나는 놀이판이 벌어졌고요. 집 안에서 골목에서 들판에서 일 년 열두 달 펼쳐지던 재미있는 옛날 놀이들을 함께 해 보아요.

8권 풍속   장승과 솟대가 들려주는 우리 풍속 이야기
장승과 솟대에는 모두 깊은 뜻이 담겨 있어요. 나쁜 기운과 못된 귀신을 물리쳐 건강하고 행복하게 살고자 하는 소망이 담겨 있지요. 옛날 사람들은 액을 물리치고 복이 들어오기를 바라는 마음으로 부적을 붙이거나 굿을 하기도 했어요. 우리 겨레의 생활과 풍속에 담긴 믿음과 소망을 살펴보세요.

9권 한옥   마루랑 온돌이랑 신기한 한옥 이야기
우리 겨레가 살아온 한옥에는 조상들의 지혜가 숨어 있어요. 자연에 순응하며 살아가던 조상들의 소박한 삶이 숨어 있지요. 온돌, 마루, 지붕, 흙벽, 뒷간 등 한옥에 숨어 있는 옛 사람들의 삶과 지혜를 찾아보세요.

10권 생활 의례   청사초롱이랑 꽃상여랑 관혼상제 이야기
사람은 누구나 태어나서 어른이 돼요. 결혼해 아이를 낳기도 하고, 그러다 나이가 들면 세상과 이별을 하지요. 우리 조상들은 이처럼 삶의 중요한 때 특별한 의례를 치러 그 뜻을 기렸어요. 우리 겨레의 뜻 깊은 의례를 보며 더불어 사는 삶을 배워 보아요.